Deutschland

Klassische Reiseziele

Das alte Weimar

Karsten Welte

Atlantis

Herausgegeben von
Paul Otto Schulz

Printed in Italy, New Interlitho S. p. a. – Trezzano
ISBN 3–88199–779–2

Weimar

Stadt der deutschen Klassik

Karsten Welte

Viel älter als der Name der Stadt Weimar sind die ersten menschlichen Spuren. 1925 wurde zwischen Travertinblöcken in einem Steinbruch bei Ehringsdorf der Schädel einer zwanzig- bis dreißigjährigen Frau ausgegraben, die vor ungefähr 100 000 bis 70 000 Jahren hier gelebt haben muß. Wenn man so will: die erste Weimaranerin.
Bei der Entwicklung der Landschaft, des Lebensraumes, und später der Stadt Weimar hat Wasser immer wieder eine gestaltende und prägende Rolle gespielt. Die reichen Muschelkalkvorkommen lassen darauf schließen, daß hier in Urzeiten das Flachmeer und nicht das Festland vorherrschend war.
In der Ur- und Frühgeschichte entstand hier begehrter Siedlungsraum. Viele Spuren berichten davon.

Der Name

Aus den althochdeutschen Wörtern *wih* für heilig oder geweiht und *mar* für Wasser oder Moor entstand der Name Weimar. Er entwickelte sich aus Wimares, Wimari, Wimar und Wymar. Die Deutung des Namens läßt auf eine bedeutende Kultstätte schließen, ein Heiligtum der Germanen, das sich wahrscheinlich an einem See oder Moorgebiet in einer Senke des Ilmtales befand.

Die Grafen von Weimar

Wimares wird erstmals urkundlich erwähnt mit einem Hoftag, den Kaiser Otto III. im Jahre 975 auf der sogenannten Wasserburg der Grafen von Weimar abhielt.
Landgraf Ludwig III. von Thüringen zerstört 1174 im Kampf um die Vorherrschaft in der Dynastie die Wasserburg Weimar. Ende des 12. Jahrhunderts wird sie aus Holzbauten neu errichtet, mit Wassergräben und einem Wall. Heute befindet sich an dieser Stelle das Schloß.
Im Jahre 1260 erhält Weimar ein eigenes Wappen, das einen schwarzen Löwen auf goldenem Grund zeigt.
1424 brannten die Wasserburg und die Hälfte der Stadt nieder. Sie wurde mit einem doppelten Mauerring, vier Toren und zehn Türmen stärker befestigt wieder aufgebaut. Zwei dieser Türme, der Kasse- und der Bibliotheksturm sowie Reste der Stadtmauer sind bis heute erhalten geblieben.

Die Thüringer Sintflut

Die unheilvolle und zerstörerische Wirkung des Wassers bekam Weimar am 29. Mai 1613 zu spüren. Ein Hochwasser der Ilm löste eine katastrophale Überschwemmung aus, die als »Thüringische Sintflut« in die Geschichte einging, da sie große Teile der Stadt zerstörte. Die Inschrift auf einem Gedenkstein, der sich im Stadtmuseum befindet, erinnert daran:

Die schrecklich große Wasserflut,
welch war ein Straf und Gottes Rut,
hat im 1613ten Jahr,
als der 29. Mai war,
hinweg geführt an diesem Ort
ein steinern Brücke und dann fort
der Menschen viel, auch Vieh ersäuft,
so all der Ilm Strom mitgeschleift.
Dieselb ganz neu ist wieder gebaut
von Holz zur Stell wie man sie schaut.
Im Jahr 1615 aufgeführt
als Herzog Ernst der Jüngere regiert.

Die Ilm

Große Bedeutung für die Stadt hatte von Anfang an die Ilm mit ihren Nebenbächen. Die versumpften Niederungen des Flusses gewährten Schutz in kriegerischen Zeiten, die Gewässer wurden in Gräben geleitet, die der Verteidigung dienten, und für die häufigen Brände war immer genügend Löschwasser vorhanden. Heute durchfließen viele dieser Bäche durch die unterirdische Kanalisation die Stadt, bevor sie in die Ilm münden.
Vor der Stadt entstand aus den Auen der Ilm der berühmte Weimarer Park, der von Goethe entscheidend mitgestaltet wurde.

Neptun, der Gott der fließenden Gewässer

Es ist sicher nicht zufällig, daß auf dem Brunnen des Marktplatzes Neptun, der Gott der fließenden Gewässer und des Meeres thront und mit seiner Inschrift die Vorübergehenden mahnt:
QUOS EGO!
EUCH WERD ICH!
Dieser Drohruf stammt aus der *Äneis* von Vergil (1,135), mit ihm beschwichtigte Neptun die Winde, daß sie nicht zu sehr die Wellen aufrühren. Der Ausruf paßt gut zu den wechselhaften Zeiten, die Weimar vor allem in der jüngsten Vergangenheit über sich ergehen lassen mußte.
Wasser ist der Urquell allen Lebens, die Welt soll entstanden sein aus dem Wasser durch den Geist. Im ersten Buch Moses schwebt Gottes Geist über dem Wasser, die Kastalische Quelle in Delphi entband das dichterische Wort, und Goethe beschwört die Kraft des Wassers in seinem West-östlichen Divan: »Schöpft des Dichters reine Hand, Wasser wird sich ballen.«
Vielleicht gibt es sogar eine magische Verbindung zwischen dem einstigen Wasserheiligtum der Germanen und der geistigen, humanen Ausstrahlung Weimars seit dem 18. Jahrhundert bis in unsere Tage.

Der reformierte Glauben

Zweimal weilte Martin Luther in Weimar: 1518, als er zu einem Verhör auf Veranlassung des Papstes nach Augsburg reiste, und 1521, als ihn der Kaiser zum Reichstag in Worms vorlud. Er unterbrach die Reisen, um in Weimar zu predigen und Anhänger und Freunde für die neue Glaubensrichtung zu gewinnen. Die mitreißende Kraft seiner Reden hatte Erfolg. Seit 1524 ist Weimar evangelisch, und in der Folge davon wurden das Zisterzienserinnenkloster in Oberweimar und die beiden in der Stadt selbst ansässigen Franziskanerklöster aufgelöst.
Am 1.8.1524 wurde der Theologe und Revolutionär Thomas Müntzer auf dem Weimarer Schloß vernommen und gefangen gehalten.
Die Kommission, zu der bereits Lutheraner gehörten, entließ ihn zur Bewährung. Luther hatte ihn zunächst für seine Sache gewonnen. Jetzt warnte er vor ihm, vor seinem aufrührerischen Geist.
Die Reformation des Glaubens, die neuen Ideale, verbanden Luther mit Lukas Cranach d.Ä. Als erster stellte dieser auf seinen Gemälden die Inhalte der sich entwickelnden neuen Theologie dar. Viele dieser Bilder hängen in der Gemäldesammlung im Weimarer Schloß.
Auf vielen Gemälden hat Cranach Martin Luther porträtiert. Die innere Verbundenheit, die Seelenverwandtschaft zwischen dem Maler der Reformation und dem Reformator selbst, offenbart sich auf diesen Bildern. Herausragend in

Weimar ist das Bildnis »Luther als Junker Jörg«. Es zeigt Luther, der in der Abgeschiedenheit und Ruhe auf der Wartburg von einer enormen Schaffenskraft erfüllt war. In dieser Zeit übersetzte er das Neue Testament ins Deutsche und schrieb viele von seinen wichtigsten Schriften. Der Kämpfer ist durch den Bart und das ritterliche Wams dargestellt, die linke Hand umfaßt den Schwertgriff. Der Redner wird durch die rechte Hand, die mit einer entsprechenden Geste erhoben ist, angedeutet. Der nach innen gerichtete Blick zeigt den andächtigen, gläubigen Mönch.

Lukas Cranach d.Ä.

Sein letztes Lebensjahr verbrachte Lukas Cranach d.Ä. in Weimar. Er wohnte im Haus seines Schwiegersohnes Christian Brück am Markt. Für die Stadtkirche St. Peter und Paul, die später auch Herderkirche genannt wird, hat er ein großes Altarbild mit zwei Seitenflügeln konzipiert, das von seinem Sohn ausgeführt wurde. Das großartige Bild verkündet im Mittelteil wieder die neue Theologie, die Erlösung des Menschen durch Christus. Links neben den Füßen des Gekreuzigten sieht man den alten Adam, gehetzt und gejagt, aus dem Paradies vertrieben und den Mächten dieser Erde ausgeliefert. Der Glaube an Christus gibt Geborgenheit mitten in dieser Welt. Beispielhaft für diese Botschaft stehen neben dem Gekreuzigten Johannes der Täufer, Cranach und Luther.
Cranach war Hofmaler des Kurfürsten Johann Friedrich von Sachsen, auch er ein Anhänger und Förderer der Reformation. Als der Kurfürst 1547 die Schlacht von Mühlberg verlor, begleitete ihn Cranach in die kaiserliche Gefangenschaft. Der Kurfürst hatte alles verloren, außer

Goethe- und Schiller-Denkmal vor dem Weimarer Theater: Symbol der deutschen Klassik und der »Stadt unsterblichen Ruhms«.

den thüringischen Landesteilen mit der Stadt Weimar. Hierher ging er 1552, nach der Entlassung aus der Gefangenschaft, gemeinsam mit Cranach und machte Weimar zur Hauptstadt des Herzogtums Sachsen-Weimar. Es war der erste Versuch, aus dem bäuerlichen Städtchen einen Fürstensitz zu machen. An den Stadtrand wurden Ställe und Scheunen, herumlaufende Schweine, Hühner und Gänse verbannt. Neue

Bürgerhäuser entstanden, das Schloß wurde umgebaut, die damals errichtete Bastille steht heute noch.
Lukas Cranach d.Ä. starb, achtzigjährig, am 16. Oktober 1553. Auf dem Jakobsfriedhof fand er seine letzte Ruhe.

Der Palmenorden

Unter dem Protektorat des Fürstenhauses wurde 1617 im Weimarer Schloß die »Fruchtbringende Gesellschaft« gegründet. Sie wurde auch »Palmenorden« genannt. Ihr Ziel war es, die deutsche Sprache zu reinigen, eine Grundlage zu schaffen für eine neue Nationalliteratur. Zusätzlich wurden bedeutende Werke der ausländischen Literatur in die deutsche Sprache übersetzt. Der Gesellschaft gehörten Herzöge, Dichter und Gelehrte an. Leider gibt es kaum noch Zeugnisse von den Aktivitäten dieser Gesellschaft. Ihre Wirkung war aber von großer Bedeutung im deutschen literarischen Leben und rechtfertigte den Namen »Fruchtbringende Gesellschaft« weit über ihre Zeit hinaus.

Die Herzöge Wilhelm Ernst und Ernst August

Der Versuch des Herzogs Wilhelm Ernst, das wirtschaftliche Leben in Weimar zu fördern, scheiterte an dem Widerstand der einheimischen Handwerker. Hugenotten, die er nach Weimar geholt hatte, wanderten wieder ab und gründeten im nahen Apolda ihre Strumpfwirkereien und Strumpfwebereien.
Viel erfolgreicher war er in der Förderung der Künste. Er begann die Hofbibliothek auszubauen, erweiterte die Weimarer Gemäldesammlung mit Werken von Dürer, Tintoretto, Rubens und anderen namhaften Malern. Ende des 17. Jahrhunderts erwachte in Weimar ein allgemeines Interesse für die Musik. Im Schloß wurde 1696 die erste deutsche Opernbühne eröffnet.
Nach einem kurzen Aufenthalt im Jahre 1703 kam Johann Sebastian Bach 1708 für neun Jahre nach Weimar. Er war Hoforganist und Mitglied der Hofkapelle. In dem Haus am Markt, in dem er wohnte, wurden seine berühmten Söhne Wilhelm Friedemann und Carl Philipp Emanuel geboren. Nach einem Streit mit dem Herzog wollte er Weimar verlassen, der Fürst aber, der ihn nicht gehen lassen wollte, sperrte ihn für vier Wochen ins Gefängnis. Bach nutzte die Haft, um an seinem Orgelbüchlein zu schreiben. Danach verließ er die Stadt.
Eine rege Bautätigkeit setzte ein, neue Bürgerhäuser entstanden, jetzt im barocken Stil. Schloß Ettersburg und Schloß Belvedere wurden gebaut. Die ersten größeren Parkanlagen wurden angelegt. Herzog Ernst August, Mitregent von Herzog Wilhelm Ernst, ruinierte Stadt und Land beinahe durch seine fast fanatische Bautätigkeit und Sammelleidenschaft.
1709 entstand das Haus des Kaufmanns Helmershausen am Frauenplan, das spätere Goethehaus. Die Einwohnerschaft von Weimar hatte sich in relativ kurzer Zeit verdoppelt, auf nun 6000 Einwohner. - Heute besitzt Weimar 64000 Einwohner.

Anna Amalia

Der Geist, der sich seit der zweiten Hälfte des 18. Jahrhunderts in Weimar entfaltete und ausbreitete, wurde von einer Frau gerufen. Die Herzogin Anna Amalia war es, die diese Entwicklung einleitete.

Die gebürtige Prinzessin von Braunschweig und Nichte Friedrichs des Großen wurde im Mai 1758, im Alter von neunzehn Jahren, schon Witwe. Ihr Sohn Carl August war gerade ein halbes Jahr alt, einen zweiten Sohn brachte sie kurz nach dem Tod ihres Mannes, des Herzogs Konstantin, auf die Welt. Ungewöhnlich für eine Frau in dieser Zeit war, daß sie sich ganz der Erziehung ihrer beiden Kinder widmete und gleichzeitig die Regentschaft im Herzogtum ausübte, die sie durchgesetzt hatte. Durch ihre klare und kluge Führung konnte sie das verschuldete und heruntergewirtschaftete Herzogtum wieder konsolidieren.
Als ihre beiden Söhne älter wurden, benötigten sie Erzieher. Für den Erbprinzen Carl August gewann die Fürstin den Professor für Philosophie von der Universität in Erfurt, Christoph Martin Wieland. Dieser nahm die Aufgabe an und wollte den jungen Erbprinzen in seinem Sinne bilden.
Wieland selbst formulierte es so: »Erziehung von Fürsten hängt davon ab, daß sie sich gewöhnen, nie zu vergessen, daß sie Menschen sind und daß sie folglich überall ihresgleichen erkennen. Man mache aus Carl August einen aufgeklärten Fürsten, so will ich für sein Herz bürgen.«

Für den jüngeren Prinzen kam Karl Ludwig von Knebel als Erzieher an den Hof, ein ehemaliger preußischer Offizier und Übersetzer klassischer lateinischer Dichtungen.
Mit dem Eintreffen Wielands begann das sogenannte klassische Zeitalter Weimars, das mit dem Tod Goethes im Jahre 1832 endete.

Der Herzog und Goethe

1775 übernahm der achtzehnjährige Carl August die Regierung, und noch im selben Jahr lud er Johann Wolfgang Goethe nach Weimar ein. Er wollte ihn ganz in Weimar haben und bot ihm eine Stellung an.
In den Reisebeschreibungen dieser Zeit kam Weimar sehr schlecht weg. Nach wie vor machte die Viehhaltung Probleme. Die unzulängliche Abfuhr von Mist auf den engen Gassen beeinträchtigte die Sauberkeit des Städtchens. Herder sprach noch 1785 sarkastisch vom »wüsten Weimar, diesem Mittelding zwischen Hofstadt und Dorf«, und auch Schiller hatte zunächst den Eindruck, er befinde sich in einem Dorf.
Am 7. November 1775 kam Goethe nach Weimar. Mit dem »Werther« und dem »Götz von Berlichingen« hatte er sich bereits einen Namen gemacht. Er kam aus Frankfurt, damals eine weltoffene Handelsstadt, und es zehrte vom Glanz der Königs- und Kaiserkrönungen, für die Frankfurt bestimmt war. Drei Gründe mögen Goethe bewogen haben, ganz in Weimar zu bleiben: Die Sympathie zu dem jungen Herzog; die Aufgabe, als Bürgerlicher im Staatsdienst Verantwortung zu übernehmen; und er hatte sich in ein kleines zweistöckiges Wohnhäuschen verliebt, außerhalb der Stadt an der Ilm gelegen, völlig eingebettet in die Natur und deshalb das Gartenhaus genannt. Der Herzog kaufte das Häuschen und schenkte es ihm kurzerhand.

Das Gartenhaus

Wenn man heute dieses kleine Häuschen betritt und durch die Räume geht, meint man das Leben der damaligen Zeit wäre stehengeblieben, alles ist ganz gegenwärtig, lebendig. Die Räume sind schlicht, bescheiden, von einer

natürlichen Einfachheit und trotzdem von einer anziehenden, gemütlichen Atmosphäre. Durch die meisten Fenster blickt man auf die romantische Landschaft des Ilmtales.
Jeder der kleinen, intimen Räume hat eine ganz eigene, persönliche Note. Im Schlafzimmer steht das zusammenklappbare Reisebett. Goethe nahm dieses Bett auf allen seinen Reisen mit, so konnte er überall im eigenen Bett schlafen. Daneben stehen seine Reisekoffer. In der Küche hängt der berühmte Binsenkorb. Zu Eckermann sprach er einmal auf einer Fahrt über den Korb: »...ich bin so an ihn gewöhnt, daß ich nicht reisen kann, ohne ihn bei mir zu führen... er kommt der Antike nahe, denn er ist nicht allein so vernünftig und zweckmäßig als möglich, sondern er hat auch dabei die einfachste, gefälligste Form, so daß man sagen kann: er steht auf dem höchsten Punkt der Vollendung.«
Im Arbeitszimmer begann er mit dem Wilhelm-Meister-Komplex, arbeitete am »Egmont«, hier schrieb er seine schönsten, romantischen Gedichte »An den Mond«, »Rastlose Liebe« und viele andere. Neben seinem Stehpult im Arbeitszimmer befindet sich ein reitsitzähnlicher Bock. Er ließ ihn eigens konstruieren, damit er an seinem Stehpult auch sitzend arbeiten konnte. Die Zeichnungen, Tabellen, Meßgeräte weisen auf seine naturwissenschaftlichen Studien und seine Arbeit im Ilmenauer Bergwerk hin. Neben der organisatorischen, praktischen Tätigkeit dort betrieb er auch mineralogische und geologische Studien, und untersuchte die Entstehung der Erdschichten. Er war sehr stark von dem Geologen A.G. Werner beeinflußt, der die Ansicht vertrat, daß alle Gesteine aus dem Wässrigen entstanden seien.
Die Atmosphäre, das innere und äußere Erscheinungsbild des Gartenhäuschens wurde von Goethe geprägt, und, *vice versa*, das Häuschen mit der umgebenden Natur hat ihn geprägt.
Das gilt genauso für sein Haus am Frauenplan, das er später bewohnte. Was er in Wilhelm Meisters Wanderjahren sagt, trifft sicherlich auch auf Goethe selbst zu: »Gewiß, ihr bewundert die Übereinstimmung dieses Gebäudes mit seinen Bewohnern....Sie ist aber vielleicht noch sonderbarer, als man vermuthen sollte: das Gebäude hat eigentlich die Bewohner gemacht. Denn wenn das Leblose lebendig ist, so kann es auch wohl Lebendiges hervorbringen.«
Um das idyllische Gartenhäuschen herum legte Goethe sich einen Garten an. 1776 schrieb er darüber: »Da laß ich mir von den Vögeln was vorsingen, und zeichne Rasenbänke, die will ich anlegen lassen, damit Ruhe über meine Seele komme..«
Und in einem andern Brief: »Zum erstenmal im Garten geschlafen... Die Ruhe hierhaußen ist unendlich.«
Wie wichtig dieses Leben in und mit der Natur für ihn war, schildert er knapp vierzig Jahre später in der Geschichte seiner botanischen Studien: »In das tätige Leben jedoch sowohl in der Sphäre der Wissenschaft trat ich eigentlich zuerst, als der edle Weimarer Kreis mich günstig aufnahm, wo außer anderen unschätzbaren Vorteilen mich der Gewinn beglückte, Stuben- und Stadtluft mit Land-, Wald- und Gartenatmosphäre zu vertauschen.«
Sechs Jahre lebte Goethe allein mit einem Diener in diesem Häuschen. In diesen Jahren betrieb er sehr intensiv seine naturwissenschaftlichen Studien und legte seine Sammlungen an. Der Herzog zog ihn mehr und mehr in die Regierungsgeschäfte hinein, machte ihn bald zum Geheimen Rat und 1815 schließlich zum Staatsminister.

Rastlose Liebe
(11. Februar 1776, an Charlotte von Stein)

Dem Schnee, dem Regen,
Dem Wind entgegen,
Im Dampf der Klüfte,
Durch Nebeldüfte,
Immer zu! Immer zu!
Ohne Rast und Ruh!

Lieber durch Leiden
Möcht' ich mich schlagen,
Als soviel Freuden
Des Lebens ertragen.
Alle das Neigen
Von Herzen zu Herzen,
Ach, wie so eigen
Schaffet das Schmerzen!

Wie soll ich fliehen?
Wälderwärts ziehen?
Alles vergebens!
Krone des Lebens,
Glück ohne Ruh,
Liebe, bist du!

Frau von Stein, zeitgenössischer Schattenriß

Charlotte von Stein

Häufiger Gast im Gartenhaus war die Hofdame Charlotte von Stein. Sie war sieben Jahre älter als Goethe, unglücklich verheiratet und hatte bereits sieben Kinder geboren. Diese Frau gewann starken Einfluß auf ihn, geradezu magische Macht. Eine der eigenwilligsten Liebesaffären der Menschheitsgeschichte entwickelte sich.

An Wieland schrieb er über Charlotte von Stein: »Ich kann mir die Bedeutsamkeit - die Macht, die diese Frau über mich hat, anders nicht erklären als durch Seelenwanderung. - Ja, wir waren einst Mann und Weib! - Nun wissen wir von uns - verhüllt, in Geisterduft.« An sie selbst schrieb er: »Liebe Frau, leide, daß ich Dich so lieb habe...« und in einem andern Brief: »Ich muß dir's sagen, du einzige unter den Weibern, die mir eine

Liebe in's Herz gab, die mich glücklich macht.« Er nannte sie »Meine Göttin...Engel, Madonna..«, einige seiner schönsten Liebesgedichte widmete er ihr. Ob es eine platonische Verbindung war oder mehr - blieb bis heute ein Geheimnis.
Am Hof und in der Weimarer Gesellschaft war Erotik durchaus willkommen. Der Herzog galt - auch während seiner Ehe mit der Prinzessin Luise von Hessen-Darmstadt - als Frauenheld, der seine Geliebten häufig wechselte. Eine von ihnen, die Schauspielerin Karoline Jagemann, erhob er in den Adelsstand.
Johann Heinrich Voß, der Dichter und Homerübersetzer schrieb am 14. Juli 1776 an seine Braut: »In Weimar geht es erschrecklich zu. Der Herzog läuft mit Goethen wie ein wilder Pursche auf den Dörfern herum, er besauft sich und genießet brüderlich einerlei Mädchen mit ihm. Ein Minister, ders gewagt hat, ihm seiner Gesundheit halber die Ausschweifungen abzuraten, hat zur Antwort gekriegt: Er müßte es tun, sich zu stärken.«

Johann Gottfried Herder

Einige Monate nachdem Goethe sich entschlossen hatte, ganz in Weimar zu bleiben, übersiedelte auf dessen Vermittlung Johann Gottfried Herder von Bückeburg nach Weimar. Als Philosoph und Geistlicher förderte er vor allem das Schul- und Kirchenwesen, Erziehung und Bildung. Auch das ärmste Kind sollte Anspruch auf Bildung und Erziehung haben. Es ging ihm nicht um die Vermittlung von Wissen, sondern um die Charakterbildung. Der Mensch sollte im Diesseits bereits einen Ewigkeitssinn erkennen und dementsprechend leben. Er vertrat die Ansicht, daß Dichtung instinktiv im Volk entstehen würde, und »nicht ein Privaterbteil einiger feinen, gebildeter Männer« sei. Goethe gefielen seine Ideen.
Schon bevor Herder nach Weimar kam, galt er als Atheist, Freigeist und Schwärmer. Die Predigten, die er als Superintendent auf der Kanzel der Stadtkirche St. Peter und Paul hielt, erregten wegen ihrem freiheitlichen, unorthodoxen Geist oft Unmut und Kritik. Wie schwer es ihm bei seinen Amtsgeschäften oft gemacht wurde, zeigen die Verse von ihm:

O du Heiliger, bleibt dir immer dein trauriges Schicksal,
Zwischen Schächer gehängt, sterbend am Kreuz zu sein?
Und zu deinen Füßen erscheint das Wort des Propheten
Von der Ochsen und Farrn feister, geselliger Schar,
Heiliger, blick auf mich und sprich auch mir in die Seele: »Vater vergib, denn sie wissen ja nie, was sie tun«.

Während Goethe immer mehr an Einfluß gewann und durch eine innige Freundschaft mit dem Herzog verbunden war, wurde Herder mit der Zeit an den Rand gedrängt. Am 11. Juli 1782 schrieb er verbittert und voller Ironie über Goethe: »Er ist also jetzt wirklicher Geheimer Rat, Kammerpräsident, Präsident des Kriegskollegii, Aufseher des Bauwesens bis zum Wegbau hinunter, dabei auch *directeur des plaisirs*, Hofpoet, Verfasser von schönen Festivitäten, Hofopern, Ballets, Redoutenaufzügen, Inskriptionen, Kunstwerken etc., Direktor der Zeichenakademie, in der er den Winter über Vorlesungen über die Osteologie gehalten, selbst überall der erste Akteur, Tänzer, kurz das Faktotum des Weimarschen und, so Gott will, bald der *major domus* sämtlicher Ernestinischer Häuser, bei denen er zur Anbetung herumzieht.«

Der Weimarer Park

Mit der inneren, geistigen Entwicklung veränderte sich auch das Stadtbild. Schon die Herzogin Anna Amalia hatte als Regentin große Teile der Stadtmauer abreißen lassen, damit die Stadt sich weiter ausdehnen konnte. 1774 war das Schloß mit dem Hoftheater abgebrannt, nun entstand unter Goethes Leitung, von namhaften Architekten errichtet, ein neues Schloß.
Parallel zur Neugestaltung des Stadtbildes durch Um- und Neubauten, drückte sich eine romantische Naturschwärmerei in der Gestaltung von neuen Gärten und Parkanlagen aus. Vorbild war unter anderem auch die Landschaftsmalerei des 17. Jahrhunderts - Claude Lorrain, Poussin, Ruysdael.
Der herrschende Rationalismus der Zeit, der eine geometrische Gartengestaltung hervorbrachte - mit geraden Wegen und beschnittenen Bäumen und Hecken - wurde verworfen. Die Natur sollte sich nun, ihrem Wesen entsprechend, frei entfalten können. Goethe deutet einen solchen Garten bereits in seinem Roman »Die Leiden des jungen Werther« an, wo von einem Garten gesprochen wird, dessen Plan nicht »ein wissenschaftlicher Gärtner«, sondern »ein fühlendes Herz« gezeichnet hat. Der Herzog und Goethe waren die treibenden Kräfte bei dieser Hinwendung zur Natur. Im Dezember 1776 reisten sie nach Wörlitz, dort waren sie Gäste des Fürsten von Dessau, der ein begeisterter Anhänger der englischen Gärten war. Von seinen Parkanlagen nahmen sie wertvolle Anregungen mit, die sie in Weimar in die Tat umsetzen wollten.
Es war vor allem das Gelände um die Ilm, wo die neuen Anlagen entstehen sollten, am Stern, an der Kalten Küche, am Welschen Garten, am Horn. Zum Teil waren diese Areale völlig verwildert, mit hohen Bäumen und Büschen bewachsen. Das Gebiet der Kalten Küche galt sogar als verwunschen, niemand traute sich dorthin. Der verwitweten Herzogin Dorothea Maria soll dort eine Ilmnixe als Bettler erschienen sein, als sie dort ausritt. Sie erschrak so, daß sie mit dem Pferd in die Ilm stürzte. Tatsächlich starb sie bald darauf am hitzigen Fieber.
Es wurde gerodet, um- und neugepflanzt, ohne die Natur einzuengen. Das natürliche Erscheinungsbild wurde betont und gefördert. Goethe berichtet über den Herzog, daß er selbst viel pflanzte und voller Ungeduld die wachsenden Pflanzen beobachtete. Die Parkanlagen wurden bereichert durch besondere kleine Gedenkstätten und Denkmäler. Im Garten des Schlosses Belvedere hatte Goethe liebevoll eine kleine Einsiedelei angelegt, mit »allerlei Plätzchen drinne für arme, kranke und bekümmerte Herzen«.
Der Selbstmord eines siebzehnjährigen Mädchens an der Floßbrücke der Ilm erschütterte ihn so sehr, daß er ein Zeichen setzen wollte. Das Mädchen soll den »Werther« bei sich gehabt haben. Er begann mit Hilfe eines Gärtners die Felsformationen zu bearbeiten, so daß ein kleines Kunstwerk entstand. Mit den Worten von Wieland: eine »wunderbar künstliche, anmutig wilde, einsiedlerisch und doch nicht abgeschiedene Art von Felsen- und Grottenwerk«.
Heute wird diese Stelle Nadelöhr genannt.

Der Stein des guten Glücks

In seinem eigenen Garten stellt Goethe den Stein des guten Glücks auf. Dieses Objekt, bestehend aus einem Kubus und einer Kugel, soll ein Gleichnis für die menschliche Existenz sein. Es gibt verschiedene Deutungen dafür, es geht um das Zusammenspiel zwischen Individuum und Gesellschaft, zwischen Gegebenem und Zufälligem, um den Balanceakt des Seins.

Theater und öffentliches Leben

1779 schreibt Goethe die erste Fassung der »Iphigenie auf Tauris«. Seine Suche, sein Streben nach einem reineren, gerechteren und freieren Menschen drückte er in diesem Stück aus. Ein Weg, der von einer subjektiven ich-bezogenen Einstellung zu einem kollektiven Verantwortungsgefühl führt. Seine eigene persönliche Entwicklung vollzieht sich parallel dazu. Das zeigt seine unermüdliche Arbeit im Staatswesen, er kümmert sich um Kanalisation, Straßenbauten, Architektur bei Um- und Neubauten, die Verbesserung der Armenanstalten, Besetzungen von Professuren an der Jenaer Universität, er hebt Rekruten aus, entwirft eine neue Feuerlöschordnung, bei überraschenden Überschwemmungen und den häufigen Bränden hilft er tatkräftig mit. In einem Brief an Frau von Stein schilderte er die Löscharbeiten in Groß-Brembach: »Meine Augenbrauen sind versengt, und das Wasser in meinen Schuhen siedend hat mir die Zehen gebrüht; ein wenig zu ruhen, legt ich mich nach Mitternacht, da alles noch brannte und knisterte, im Wirtshaus aufs Bett, und ward von Wanzen heimgesucht und versuchte also manch menschlich Elend und Unbequemlichkeit. Der Herzog und der Prinz kamen später und taten das Ihrige. Einige ganz gewöhnliche und immer unerkannte Fehler bei solchen Gelegenheiten hab ich bemerkt.«
Durch Goethes Einfluß wurden die Schranken zwischen Adel und Bürgertum mehr und mehr aufgehoben. Sämtliche Parkanlagen standen auch den Bürgern zur Verfügung. Er setzte eine gerechtere Steuerverteilung durch und verbesserte die soziale Lage der Armen wesentlich.
Eine Liebhaberbühne etablierte sich, Hofgesellschaften und Dienerschaft traten gemeinsam als Schauspieler auf.
Am 6. April 1779 wird im Redoutenhaus »Iphigenie auf Tauris« uraufgeführt, mit dem Dichter als Orest. Für die Titelrolle hatte er die Schauspielerin Corona Schröter nach Weimar geholt. 1780 wird das neuerbaute dreigeschossige Komödienhaus eröffnet. Es stand an der Stelle des heutigen Nationaltheaters. Stücke von Voltaire, Molière, Lessing, Shakespeare und später auch Schiller wurden gespielt. Natürlich auch die Stücke von Goethe, der das Theater leitete. Die meisten Mozart-Opern wurden bald nach der Uraufführung in Weimar gespielt. Die Weimarer waren von ihnen fasziniert.

Das Wittumspalais

Das Wittumspalais an der Esplanade wurde der Witwensitz Anna Amalias. Ein repräsentatives Wohnhaus, das 1767 auf dem Grund des ehemaligen Franziskanerklosters erbaut wurde. In diesem Kloster hat einst Luther gewohnt und gepredigt. Einige Teile des Klosters sind erhalten geblieben. Die Fassade des Wittumspalais ist einfach und klar gegliedert, das Gebäude besteht aus zwei zusammengehörenden Teilen. In dem Gebäude deutet sich bereits der Trend zum Funktionalen hin an, der die barocke Überschwenglichkeit ablösen sollte. Auch die Innenräume sind in dem neuen bürgerlichen Wohnstil ausgestattet, der sich teils an der Antike orientierte, weg von der leeren höfischen Prunksucht. Die Farben der einzelnen Räume sind sinnvoll aufeinander abgestimmt. Die Einrichtungen der Zimmer, die Gemälde, die Büsten, die Bilder, so wie sie der Besucher heute erlebt, geben ein lebendiges Bild der Wohnkultur Anna Amalias und der damaligen Zeit.
In der Diele des ersten Obergeschosses hängt ein Portrait Anna Amalias, ein Gemälde von

Ferdinand Jagemann. Es zeigt eine wissende, reife Frau mit suchenden Augen.
Zentrum des Hauses ist das Tafelrundenzimmer. Der Maler Georg Melchior Kraus hat eine der legendären Tafelrunden in einem Aquarell festgehalten. Versammelt mit der Fürstin sind Goethe, Herder, Luise von Göchhausen und einige andere illustre Weimarer. Wieland sagte respektlos über so eine Tafelrunde: »....es wurde geklimpert, gegeigt, geblasen und gepfiffen, daß die Engel im Himmelreich ihre Freude daran hatten.« Man sprach über neue Literatur oder philosophische Werke. Man las aus Unveröffentlichtem vor, diskutierte darüber, oder es wurde musiziert. Die Hausherrin hatte ein inniges Verhältnis zur Musik und komponierte gelegentlich selbst. »Anna Amalia, Duchessa di Weimar, nata principessa di Braunschweig«, so zeichnete sie ihre Notenblätter. Sie sang und trat als Schauspielerin auf, Musik überstrahlte ihr Leben. Mit diesen Aktivitäten glich sie manch andere Defizite aus.

Der Tiefurter Kreis

1781 verlegte Anna Amalia ihren Sommersitz von Schloß Ettersburg nach Tiefurt, einem kleinen Landschlößchen mit einem großen Park. Dieser Park war ebenfalls im englischen Gartenstil umgestaltet worden.
Auch in Tiefurt gab es ein zentrales Zimmer mit einem großen runden Tisch, an dem sich die Tafelrunde regelmäßig traf. Daß es oft auch um Klatsch- und Tratschgeschichten ging, die in Umlauf gesetzt wurden, überlieferte die Hofdame Luise von Göchhausen. Sie selbst wurde Thusnelda genannt, eine Sage entstand um ihre Person; sie soll als spukende Gestalt klagend und deklamierend durch den Tiefurter Park geflogen sein. Ihr verdankt die Nachwelt den »Urfaust«. Heimlich hatte sie das Manuskript kopiert, welches Goethe später vernichtete.
In Tiefurt legte man den Zwang der Etikette ab. Es herrschte ein offener, freier Umgangston zwischen allen, zwischen Adel und Bürgerlichen. Ungezwungen konnte man sich der Freude am Kreativen, am Theaterspielen hingeben. Goethe schrieb für eine Freilichtaufführung das Singspiel »Die Fischerin«. Gespielt wurde unter hohen Bäumen am Ilmufer des Tiefurter Parks, bei Fackel- und Feuerschein. Er beschrieb die Szenerie: »Unter hohen Erlen am Flusse stehen zerstreute Fischerhütten. Es ist Nacht und stille. An einem kleinen Feuer sind Töpfe gesetzt, Netze und Fischergeräte ringsumher aufgestellt.«
Im Musikzimmer des Schlößchens hängt ein Aquarell, das Georg Melchior Kraus auf Anregung von Goethe gemalt hat: »Das Neueste von Plundersweilern«. Es ist eine allegorisch-satirische Darstellung der Literatur, des Theaters, der allgemeinen Lebensphilosophie. Das Bild ist beispielhaft dafür, wie ernsthaft, aber auch mit welcher Leichtigkeit im Tiefurter Kreis diese Themen behandelt wurden.
Goethe liebte Tiefurt und besuchte es häufig. Ähnlich wie in seinem Gartenhaus lebte er hier mitten in der Natur. Auf einem Spaziergang nach Tiefurt kam ihm die Idee zum »Tasso«. Das Zimmer, in dem er gewohnt hat, ist heute seinem Andenken gewidmet. Eine jugendliche Büste von ihm, die Martin Gottlieb Klauer schuf, steht darin. An der Wand hängt ein Selbstportrait der Schauspielerin Corona Schröter. Zu dieser Schauspielerin hatte Goethe ein besonderes Verhältnis; an Charlotte von Stein schrieb er über sie: »Die Schröter ist ein Engel - wenn mir doch Gott so ein Weib bescheren wollte, daß ich Euch könnt in Frieden lassen.«
Die Einrichtung der andern Räume in dem Schlößchen ist weitgehend erhalten. Man spürt bei einem Rundgang immer noch die heiter-

gelöste Atmosphäre dieser Tiefurter Zeit. Nach dem Tode Anna Amalias im Jahre 1807 hatte auch das gesellige Leben in Tiefurt ein Ende.
Der alte Goethe erinnert sich gerne an Tiefurt. Er vermochte nicht, über diese bedeutende Zeit seines Lebens zu schreiben. In einem Gespräch mit Eckermann nannte er die Gründe: »Ich selbst hätte es längst gemacht, allein ich kann es nicht; ich habe jene bedeutenden Zustände selbst mit durchlebt, ich bin zu sehr darin befangen, so daß die Einzelheiten sich mir in zu großer Fülle aufdrängen.«

Neues Leben

Für alle überraschend, verließ Goethe Weimar und reiste im September 1786 nach Italien. Am 18. Juni 1788 traf er, verändert, ein neuer Mensch - in seinen Briefen aus Italien hatte er sogar von Wiedergeburt geschrieben - wieder in Weimar ein. Er war voller Eindrücke, Anregungen und Pläne, die er nun in seinem neuen Weimarer Leben verwirklichen wollte.
Während seiner Abwesenheit ließ der Herzog unterhalb des später erbauten römischen Hauses zu Goethes Andenken und um ihn zu ehren im Park den Schlangenstein errichten. Martin Gottlieb Klauer schuf diesen Stein nach einem antiken Vorbild mit dem eingemeißelten Motto: GENIO HUIUS LOCI - Dem Geist dieses Ortes.
Das römische Haus ließ sich der Herzog im Park als Sommerwohnung errichten. Goethe überwachte den Bau und verwirklichte in der Architektur vor allem Anregungen aus dem antiken Italien. Durch vier ionische Säulen mit einem Giebelfeld darüber erinnert das Haus an einen römischen Tempel. Der klassizistischen Architektur entsprechen die im frühklassizistischen Stil eingerichteten Innenräume. Das Äußere und das Innere des Hauses bilden ein harmonisches Ganzes. Am 12. Juli 1788 fand in den Parkanlagen eine schicksalhafte Begegnung statt. Die dreiundzwanzigjährige Christiane Vulpius spricht Goethe an und bittet ihn um Protektion für ihren Bruder Christian August Vulpius. Das Mädchen, das bisher in einer Fabrik für künstliche Blumen gearbeitet hat, wird Goethes Lebensgefährtin und zieht zu ihm in sein Haus. Sie wird die Mutter seiner fünf Kinder werden, von denen aber nur der erstgeborene Sohn, August, am Leben bleibt.
Der Bruder wird einer der erfolgreichsten Unterhaltungsschriftsteller seiner Zeit.

Das Haus am Frauenplan

Seit 1782 wohnte Goethe nicht mehr in seinem Gartenhäuschen im Park, sondern in einem Palais am Frauenplan. Der Platz erhielt seinen Namen von einer Kapelle »Zu unserer lieben Frau«, die früher hier gestanden hatte. Goethe hatte als Minister zunehmend auch repräsentative Aufgaben zu erfüllen, seine Sammlungen wurden immer größer, so daß er ein größeres Haus benötigte. Zunächst wohnte er als Mieter dort, aus dem Mietvertrag, der heute im Goethe- und Schillerarchiv aufbewahrt wird, geht hervor, daß das Haus einen Stall für drei Pferde, ein Holzställchen, zwei Schweinekoben und im Keller einen Fischhalter besaß. 1794 schenkte ihm der Herzog das Anwesen.
Das Gartenhaus behielt Goethe als Zufluchtsort, als geheimes Refugium, wenn es ihm in der Stadt zu laut und unruhig wurde.
Einmal fand er die schlafende Christiane in dem Häuschen. Er war so berührt von diesem Moment, daß er das geliebte Mädchen zeichnete und folgende Zeilen schrieb:

Auf dem Saale fand ich nicht das Mädchen,
Fand das Mädchen nicht in der Stube,
Endlich, da ich leis die Kammer öffne,
Find ich sie, gar zierlich eingeschlafen,
Angekleidet auf den Sofa liegen.

Die zierliche Zeichnung hängt im Schlafzimmer des Gartenhauses.
Fünfzig Jahre seines Lebens, mit kurzen Unterbrechungen, wohnte Goethe in dem Haus am Frauenplan. Er ließ es in seinem Sinn umbauen, der barocke Zierat wurde zugunsten eines einfachen, klaren Baustils entfernt. In jedem Raum spürt man seine gestaltende Hand. Die Möbel wurden von ihm eigens entworfen, um seinen Bedürfnissen gerecht zu werden. Schränke enthalten in Fächern und Schubladen seine Sammlungen. Mehr als 50 000 Gegenstände kamen zusammen, naturwissenschaftliche Objekte sowie die große Kunstkollektion. Sein Kommentar: »Ich habe nicht nach Laune oder Willkür, sondern jedesmal mit Plan und Absicht zu meiner eigenen folgerechten Bildung gesammelt und an jedem Stück meines Besitzes etwas gelernt.«
An den Herzog schrieb er, daß er dieses Haus »nicht zum Wohlleben, sondern zu möglicher Verbreitung von Kunst und Wissenschaft« einrichte und benutze. So wie uns das Werk Wesen und Lebensanschauung, Werden und Wachsen der Persönlichkeit Goethes vermittelt, so tun es auf andere Art auch die Räume dieses Hauses.
»Die Stätte, die ein guter Mensch betrat, ist eingeweiht; nach hundert Jahren klingt sein Wort und seine Tat dem Enkel wieder.« So spricht Leonore Sanvitale im »Tasso«, und sie scheint das Haus am Frauenplan zu meinen.
Achim von Arnim schrieb nach einem Besuch: »Mit welcher Sehnsucht denke ich oft Ihres Hauses, wo jedem Zimmer seine Ehre geschehen und jede Wand wie eine Weltgegend ein eigenes Leben hat.«

»Johann Wolfgang von Goethe«, Ölgemälde von Joseph Karl Stieler aus dem Jahr 1828 (Ausschnitt).

Auch heute noch kann man etwas davon erahnen, zumindest jene Besucher können es, die bereit sind, sich auf diese Atmosphäre einzulassen.
Nach dem Tod des Dichters wohnt sein Enkel, Walther von Goethe, lange in dem Haus. Es fanden große Veränderungen statt. Als das Gebäude 1886 zum Nationalmuseum erklärt wurde, ging man daran, die Räume in Goethes Sinn zu rekonstruieren. Man konnte zahlreiches Bildmaterial zur Orientierung heranziehen sowie Goethes Aufzeichnungen.

1935 kam ein angrenzender Gebäudekomplex mit dem Goethemuseum hinzu. Bilder, Gegenstände, Schrifttafeln zum Leben und zum Werk des Dichters sind hier ausgestellt.
Man betritt die Wohnräume, heute wie damals, über eine große Treppe, die Goethe im Renaissancestil einbauen ließ. In den vorderen Räumen mit repräsentativem Charakter sind Kopien berühmter antiker Statuen aufgestellt. Auch im Treppenhaus empfangen den Besucher einige Abgüsse antiker Skulpturen: ein betender Knabe, ein bocktragender Faun, der Apoll von Belvedere und die Ildefonso-Gruppe, zwei Jünglinge, welche die Brüder Schlaf und Tod symbolisieren sollen. Klein daneben steht Proserpina, die Göttin der Unterwelt, als Symbol für die Ewigkeit. Goethe begeisterte an diesen Bildwerken die Verehrung des idealen menschlichen Körpers.
Jeder der Räume bekam je nach seiner Funktion eine eigene Farbe. Goethe wußte, daß jede Farbe auf den Menschen eine bestimmte Wirkung ausübt. Der Gelbe Saal diente vor allem als Speisezimmer. Das Gelb der Wände sollte eine behagliche, heitere Atmosphäre verbreiten, den Appetit anregen, einen geselligen Rahmen für größere Gesellschaften erzeugen. Das anschließende Junozimmer, so genannt nach dem Abguß der »Juno Ludovisi« diente als Empfangszimmer; das kühle Blaugrau der Tapete sollte zunächst Distanz schaffen.
Goethe empfing hier berühmte und unbekannte Besucher, Schriftsteller, Wissenschaftler, Philosophen und Künstler. Das Original der »Juno Ludovisi« hatte ihn in Italien entzückt. »...sie ist wie ein Gesang Homers.« In der klassischen Antike, vor allem aber in der griechischen Skulptur, erkannte Goethe neben der vollkommenen Form auch starke innere humane Kräfte, die beruhigend wirken. Eine kleine Treppe verbindet die vorderen Räume mit dem Hinterhaus, dem persönlichen Bereich Goethes, den er gemeinsam mit seiner Frau Christiane bewohnte. Die Räume sind kleiner, bescheidener, einfacher eingerichtet. Während die vorderen repräsentativen Räume etwas Festliches, Extrovertiertes haben, wirken die persönlichen Räume verinnerlichter.
Vom Gartenzimmer aus blickt man in den Garten, den Goethe liebevoll pflegte. Er ist bis heute mit Rosen, Hecken und dem wilden Wein, der an der Hauswand emporrankt, erhalten geblieben. In der großen Stube hängt ein Teppich aus dem 16. Jahrhundert. Auf diesem Teppich wurden Goethes Eltern getraut und er selbst getauft, auch die Taufe seiner Kinder sowie die Trauung seines Sohnes August wurden auf diesem Teppich zelebriert. Goethes Sarg stand während der Beisetzungsfeierlichkeiten auf diesem verehrten Familienschatz. Zwischen den Hoffenstern hängt ein Ölgemälde von Angelica Kauffmann, ein Portrait Goethes. Er soll dazu gesagt haben: »Zwar ist's ein schöner Mann, doch ich bins nicht.«
Eine besondere Ausstrahlung geht von seinem Arbeitszimmer aus. Auf dem Tisch liegt ein breites Kissen, auf das er die Ellbogen aufstützen konnte, wenn er lange über einem Buch saß. An der Wand steht ein breites Stehpult, da er meist stehend arbeitete. An den Wänden hängen keine Bilder. Er selbst bezeichnete sein Arbeitszimmer in beruhigendem Grün als »stille Fischergrotte«. In diesem Raum entstanden »Wilhelm Meisters Wanderjahre«, »Die Wahlverwandtschaften«, »Dichtung und Wahrheit«, viele naturwissenschaftliche Werke, Gedichte, schließlich der »Faust.« In diesem Zimmer fanden die in die Literatur eingegangenen Gespräche mit Eckermann statt. Die 6500 Bücher füllen einen ganzen Raum, eine kleine Privatbibliothek. Spartanisch einfach und gerade dadurch sehr intim, wirkt das Schlafzimmer. Hier ist er

am 22. März 1832, mittags um halb zwölf, im Alter von dreiundachtzig Jahren, gestorben.

Schiller und Goethe

Bevor die beiden Großen der deutschen Literatur zusammenkamen, gab es Gereiztheiten, Eifersüchteleien, einen vergeblichen Versuch Schillers, Goethe in Weimar zu treffen. Dieser weilte zu jener Zeit in dem Land, wo die Zitronen blühen. Friedrich Schiller reagierte verärgert: »Während er in Italien malt, müssen die Voigts und Schmidts für ihn wie die Lasttiere schwitzen. Er verzehrt in Italien für Nichtstun eine Besoldung von tausendachthundert Talern, und sie müssen für die Hälfte des Geldes doppelte Lasten tragen.«

Sie begegneten sich auf einer Tagung in Jena. Goethe schrieb darüber: »... ein Gespräch knüpfte sich an, er schien an dem Vorgetragenen teil zu nehmen, bemerkte aber sehr verständig und einsichtig und mir sehr willkommen, wie eine so zerstückelte Art die Natur zu behandeln, den Laien, der sich gern darauf einließe, keineswegs anmuten könne.«

Aus diesem ersten Kontakt entwickelte sich ein Briefwechsel und schließlich eine intensive Freundschaft, die bis zum Tod Schillers anhielt.

Im Dezember 1799 kommt Schiller ganz nach Weimar. Er wohnt in der Windischgasse 8 in der zweiten Etage und in der Mansarde. Hier schreibt er neben der »Jungfrau von Orleans« auch »Maria Stuart«, die am 14. Juni 1800 im Hoftheater uraufgeführt wird.

Am 29. April 1802 zieht Schiller mit seiner Familie in das Haus an der Esplanade, das heutige Schillerhaus, mit dem neu hinzugebauten Museum. Er war glücklich über sein neues Heim. Er ließ seinen Verleger Göschen wissen: »Ich habe dieser Tage...einen alten Wunsch realisiert, ein eigenes Haus zu besitzen. Denn ich habe nun alle Gedanken an das Wegziehen von Weimar aufgegeben und denke hier zu leben und zu sterben.«

Und Schillers Frau Charlotte schrieb an Fritz von Stein: »Auch für die Kinder ist es sehr freundlich, und für eine Wohnung in der Stadt hat sie alles Angenehme eines Gartenhauses, weil die Esplanade unser Garten ist.« Die Umgebung war damals noch unbebaut, man blickte aus den sonnigen Fenstern auf Bäume und Gärten.

Nur drei Jahre waren Schiller in dem schönen Haus vergönnt. Sein Lungenleiden verschlimmerte sich immer mehr. Er schrieb seine letzten Werke, »Die Braut von Messina«, »Die Huldigung der Künste«, »Wilhelm Tell«.

Die Rekonstruktion der Wohnräume gelang nicht überall. Am ehesten begegnet man dem Dichter in seinem Arbeitszimmer in der Mansarde. Den Schreibtisch brachte er aus Jena mit. Nach seinem Tod fand man darauf das angefangene Manuskript des »Demetrius«. Das Bett stand ursprünglich in der an das Arbeitszimmer angrenzenden Schlafkammer. Wenige Monate vor seinem Tod hat er es neben seinen Schreibtisch stellen lassen. Mühsam trotzte er in dieser Zeit seiner Krankheit die letzten wertvollen Arbeitsstunden ab.

Schiller erlebte das Kommen seines Todes sehr bewußt und mit großer Ruhe. Er verabschiedete sich von seinen Freunden, seiner Frau und seinen vier Kindern. Nach fünf Uhr des 9. Mai 1805 starb er - »...und die vollkommenste Ruhe verklärte sein Antlitz; seine Züge waren die eines Schlafenden.« So sah ihn Karoline von Wolzogen, seine erste Biographin.

Goethe, der zu dieser Zeit selber erkrankte, erfuhr es einen Tag später von Christiane. Er schrieb daraufhin an Zelter: »Ich dacht mich selbst zu verlieren und verliere nun einen Freund und in demselben die Hälfte meines Daseins.«

Napoleon belagert Weimar

In einer entscheidenden Schlacht besiegte Napoleon die Preußen am 14. Oktober 1806 in der Nähe von Jena. Herzog Carl August kämpfte mit einer eigenen kleinen Armee auf der Seite der Preußen. Seine geschlagenen Soldaten zogen durch Weimar, und nach ihnen folgten die siegestrunkenen Franzosen. Sie plünderten, brandschatzten und quartierten sich ein, wo sie wollten. Johanna Schopenhauer, die Mutter des Philosophen Arthur Schopenhauer, schildert die Zustände in der Stadt in einem Brief an ihren Sohn: »...O mein Arthur, die Erinnerung allein macht mich jetzt beben. Jetzt rasten die Kanonen, der Fußboden bebte, die Fenster klirrten. O, Gott, wie nahe war uns der Tod! Wir hörten keinen einzigen Knall mehr, aber das durchdringende Pfeifen und Zischen und Knattern der Kugeln und Haubitzen, die über unser Haus und 50 Schritte davon in Häuser und in die Erde flogen, ohne Schaden zu tun... Nun hörten wir die wilden Stimmen unten: *Du pain, du vin, vite, nous montons!* und Sophie und Conta hießen sie freundlich willkommen. Sophie sagte, sie hätte längst auf sie gewartet und für sie zugekocht, sie möchten nur stille sein, damit der Offizier, den wir im Hause hätten, sie nicht höre, ob sie im Zimmer essen wollten? sie hätte eben den Schlüssel nicht zur Hand, aber hier auf der Diele wäre ja die schönste Gelegenheit, Tisch und alles, und damit tischte sie ihnen Brot, Wein und Braten auf. Conta, der für ihren Mann passierte, tat das Seine; die Wilden wurden wieder zahm, aßen, tranken und waren ganz fidel. Denk Dir dabei die gräßlichen Gesichter, die blutigen Säbel blank, die weißlichen mit Blut bespritzten Kittel, die sie bei solchen Gelegenheiten tragen, ihr wildes Gelächter und Gespräch, ihre Hände mit Blut gefärbt. Ich sah sie nur einen Augenblick von der Treppe, es waren zehn bis zwölf. Sophie, mitten drunter, scherzte und lachte. Einer faßte sie um den Leib; sie drehte sich schnell um und schüttelte ihm die blutige Hand, damit er ihren Gürtel nicht fühlen sollte... Hunderte hatten sich ins Schloß gerettet; auch in diesem ist man in die Silber- und Wäschkammer gedrungen und hat manches daraus geraubt, auch desHerzogs Gewehrkammer ist geplündert worden. Die Herzogin (Luise, die Frau von Carl August) hat unbegreiflich vielen Mut gezeigt und uns alle gerettet. Auch hat der Kaiser fast zwei Stunden mit ihr gesprochen, was noch keiner Fürstin widerfahren sein soll. Sie allein ist geblieben, während alle die Ihrigen entflohen. Wäre sie auch fortgegangen, so stünde Weimar nicht mehr.«

Auch in Goethes Haus waren sechzehn feindliche Soldaten einquartiert. Nachts drangen zwei weitere betrunken in das Haus ein, stürmten durch die Zimmer und bedrohten Goethe mit dem Säbel. Christiane hat sich entschlossen zwischen ihn und die plündernden Soldaten gestellt und ihm wahrscheinlich das Leben gerettet. Er dankte es ihr auf seine Weise und sagte: »So Gott will, werden wir Mann und Frau sein.« Am 19. Oktober 1806 wurden sie, nachdem sie achtzehn Jahre zusammengelebt hatten, in der Jakobskirche getraut.

Die Goethe- und Schiller Gruft

Goethe gehörte, wie viele andere Weimarer Persönlichkeiten zur Loge »Amalia« der Freimaurer und wurde nach einem bestimmten Ritual beigesetzt, nachts zwischen 23 Uhr und 3 Uhr früh.

Für die nachtschlafende Zeit gibt es verschiedene Deutungen: Schlaf und Tod sind Brüder, so

Nordöstliche Ansicht von Weimar: Schloß des Großherzogs von Sachsen-Weimar-Eisenach, Herderkirche, Jacobskirche (v. l. n. r.). Lithographie, um 1835.

sah es Goethe allegorisch in der Ildefonso-Gruppe in seinem Stadthaus dargestellt. Klein steht Proserpina daneben, die Göttin der Unterwelt, für die Weltseele, die Ewigkeit, die immer da ist, vorher und nachher.
Eine andere Deutung für den nächtlichen Ritus ist, daß die Seele in der Früh ruhen muß, damit sie mit der aufgehenden Sonne in die Unendlichkeit hinüberwechseln kann.
Auch Schiller wurde nachts bestattet, zunächst im Kassengewölbe des Jakobsfriedhofes.
Heute stehen die Sarkophage der beiden großen Dichter nebeneinander in der Gruft des historischen Friedhofs, als Zeichen ihrer fruchtbringenden Freundschaft. Sie ruhen unter einem symbolisch offenen Himmel, in der Kuppel über ihnen schmücken goldene Sterne den blauen Nachthimmel.

Das Schloß, die Bibliothek, Museen und andere Gebäude

Im SCHLOSS, das unter Goethes Leitung erbaut wurde, sind die Kunstsammlungen untergebracht, mit zum Teil besonders schönen, beispielhaften Gemälden aus allen Epochen zwischen Mittelalter und Gegenwart.

Die ZENTRALBIBLIOTHEK DER DEUTSCHEN KLASSIK befindet sich im GRÜNEN SCHLOSS. Sie umfaßt achtzigtausend Bände mit vielen bibliophilen Kostbarkeiten. Im ROKOKOSAAL stehen einige Marmorbüsten aus der klassischen Zeit.

Das BERTUCHHAUS ist heute STADTMUSEUM. Schiller bezeichnete das Gebäude als das »unstrittig schönste Haus in ganz Weimar«.

Das HERDERMUSEUM ist im fast unveränderten KIRMS-KRACKOW-HAUS untergebracht, einem um 1525 errichteten Patrizierhaus.

Im HAUS DER FRAU VON STEIN befanden sich ursprünglich Pferdeställe, bevor es 1777 als Stadtpalais umgebaut wurde. Charlotte von Stein lebte fünfzig Jahre in diesem Haus.

Im LISZTHAUS lebte, unterrichtete und komponierte Franz Liszt von 1869 bis 1886. Nach seinem Tod blieb seine Wohnung unverändert. Unter den vielen persönlichen Gegenständen besticht eine Uhr mit einer Miniatur des Weimarer Schlosses.

Das Bauhaus von Weimar

Im Bauhaus, das Walter Gropius 1919 gründete, wurden die kühnen formalen Erneuerungen, die Henry van de Velde in Architektur und Kunstgewerbe in Weimar einführte, weiterentwickelt. Die Trennung zwischen Kunst und Handwerk, zwischen schöner Form und Zweckmäßigkeit, zwischen monumentaler und dekorativer Kunst sollte aufgehoben werden.
Der Name Bauhaus wurde abgeleitet von den mittelalterlichen Bauhütten, die in kollektiver Leistung, in Handwerksgemeinschaften, die gotischen Kathedralen errichteten. Walter Gropius sagte in einer Rede vor den Studierenden: »...bis sich aus den einzelnen Gruppen wieder eine allgemeine große, tragende, geistig-religiöse Idee verdichtet, die in einem großen Gesamtkunstwerk schließlich ihren kristallischen Ausdruck finden muß. Und dieses große Kunstwerk der Gesamtheit, diese Kathedrale der Zukunft, wird dann mit seiner Lichtfülle bis in die kleinsten Dinge des täglichen Lebens hineinstrahlen.« Das Bestreben des Bauhauses war, die Kunst in das tägliche Leben und in die menschliche Gemeinschaft zu holen.

Die Weimarer Republik

Die Nationalversammlung fand aus Sicherheitsgründen nicht in Berlin, sondern im Nationaltheater in Weimar statt. So wurde Weimar zur Geburtsstätte der neuen demokratischen Verfassung. Reichspräsident Friedrich Ebert beschwor in seiner Antrittsrede den Geist alter Zeiten: »Jetzt muß der Geist von Weimar, der Geist der großen Philosophen und Dichter wieder unser Leben erfüllen.«

Buchenwald

1937 errichteten die Nazis auf dem Ettersberg das berüchtigte Konzentrationslager Buchenwald. Täglich wurden Menschen auf die schlimmste Art gefangengehalten, gefoltert, gequält und getötet. Diese Unmenschlichkeit erschüttert noch heute die Besucher der Gedenkstätte und treibt vielen Tränen in die Augen.
Es mag mit der Nähe von Weimar zusammenhängen, daß der humane Geist im Lager von den Faschisten nicht gebrochen werden konnte. Er flackerte im Untergrund immer weiter. Ein dreijähriges Kind wurde von den Gefangenen unter Einsatz des eigenen Lebens versteckt gehalten und vor der Vernichtung bewahrt. Ihre Kreativität fand durch verschiedene künstlerische Tätigkeiten ihren Ausdruck. Ein unbedingtes Ja zum Leben war, allem zum Trotz, immer da und führte am Ende sogar zu ihrer Selbstbefreiung.

Für die Mahn- und Gedenkstätte Buchenwald in der Nähe Weimars schuf der Bildhauer Fritz Cremer eine erschütternde Bronzegruppe der sich selbst befeienden KZ-Häftlinge. Unweit von dieser Stelle führte Goethe sein Humanitätsdrama »Iphigenie auf Tauris« auf, das zu den bedeutendsten Werken deutscher Literatur wie neuzeitlicher Ethik gehört. So erinnert denn die Gedenkstätte nicht nur an Leid und Tod Hunderttausender von Unschuldigen, sondern auch an das unmenschliche Verbrechertum des Naziregimes und überdies an dessen geistige Barbarei.
Folgende Doppelseite: Blick vom Schloßturm über die Altstadt von Weimar nach Westen, deren Dächern man die Last der Jahrzehnte deutscher Zweistaatlichkeit noch ansieht. Die Stadtkirche (rechts) war die Wirkungsstätte von Johann Wolfgang Herder. Über dem Kirchendach ist auf dem Höhenkamm der Glockenturm von Buchenwald sichtbar. Links von der Mitte das Deutsche Nationaltheater, das dank Goethe und Schiller seinerzeit Mittelpunkt der »geistigen Hauptstadt Deutschlands« (Madame Staël) war. Das neugotische Tor hinter den Pappeln (links) gehört zum Rathaus am Marktplatz. Das Stadtrecht besitzt Weimar seit 1410.

»QUOS EGO! EUCH WERD ICH!« Ist - oder war - dieser drohende Ruf des Neptun auf dem Marktplatz nicht auch politisch zu verstehen? Nun, die Gezeiten wechselten. Beschwichtigt er in der Vergil'schen »Äneis« die Winde, damit sie die Wellen nicht allzu sehr aufwühlen - bis diese sich glätten, wird es noch dauern. Aber schon gibt es gute Vorzeichen in frischen Farben: Die Zierde des Marktes ist seit dem 16. Jahrhundert das Doppelgespann Stadthaus (links) und Cranach-Haus, verkörpern sie doch ganz und gar den Bürgerstolz der Renaissance zu Weimar. Damals, als Kurfürst Johann Friedrich nach der Niederlage im Schmalkaldischen Krieg 1547 den Kurfürstenhut von Wittenberg verlor und er nach Weimar ins »Exil« getrieben wurde, blühte die Stadt als Fürstensitz auf. Und sie blieb Residenz bis 1918. Das Stadthaus wurde zwischen 1526 und 1547 als Rats- und Handelshaus erbaut. Das Cranach-Haus errichtete Kanzler Christian Brück, der Schwiegersohn des großen Malers. Achtzigjährig zog Lucas Cranach d.Ä. hier ein, sein Atelier befand sich im dritten Stockwerk.

Der Schloßturm signalisiert die Lage der ehemaligen gräflichen Wasserburg, erwähnt schon 975, die sich hinter dem klobigen Torbau auf dem Areal der heutigen Residenz befand. Die barocke Turmhaube kam 1728 hinauf. Nach dem Brand von 1774 erhielt das Schloß von dem Multitalent Goethe als »Karlsburg«, benannt nach dem Herzog Karl August, 1803 eine neue Gestalt. Die Miniaturmalerei auf der Taschenuhr des Franz Liszt gewährt einen Blick in den Schloßhof und auf die Ilmbrücke. Der große Komponist und Klaviervirtuose übersiedelte 1848 nach Weimar und lebte hier, mit Unterbrechungen; das Liszt-Haus am Ilmpark bewahrt seit dem Todesjahr 1886 die Erinnerungen.

Die zum Park hin offene dreiflügelige Schloßanlage, wie sie unter Herzog Carl August vollendet wurde, bot sich in dieser volksverbundenen Weise nur bis 1914 den Blicken dar (Stahlstich von Brinckmann, um 1855). Im ersten Kriegsjahr wurde der Hof durch einen neubarocken Südtrakt geschlossen. In den alten Flügeln sind heute die Arbeits- und Ausstellungsräume der Kunstsammlungen etabliert; in dem Südtrakt versieht die Leitung der »Nationalen Forschungs- und Gedenkstätten der klassischen deutschen Literatur in Weimar« ihren Dienst. - Das Reiterstandbild Carl Augusts bezog 1875 auf dem Fürstenplatz, dem heutigen Platz der Republik, posto.

Gefertigt wurde es von Adolf von Donnhof, Anlaß war der einhundertste Jahrestag des Regierungsantritts des Kunstmäzens. Sein Blick ist dem Schloß zugewandt. Zu seiner Rechten befindet sich die Zentralbibliothek der deutschen Klassik, die aus seiner Hofbibliothek hervorgegangen ist (s.a. Seite 46/47), in seinem Rücken die Musikhochschule »Franz Liszt« - im Ganzen ein würdiger Rahmen.

1775 übernahm der Erbprinz Carl August, nun achtzehnjährig, die Regierung, und noch im selben Jahr lud er Johann Wolfgang Goethe nach Weimar ein. Der Fürst wollte den um acht Jahre älteren Dichter, halten, und bot ihm ein Amt an. Goethe reiste am 7. November 1775 an, trat aber erst im Juni folgenden Jahres in den Staatsdienst. Für sein Bleiben sprachen unterschiedliche Gründe: Einmal die Sympathie für den Herzog. Zweitens mochte er ahnen, hier den ihm gemäßen Rahmen zur Entfaltung seiner Anlagen und Talente gefunden zu haben. Drittens hatte ihn das Gartenhaus an der Ilm entzückt, das der Herzog ihm kurzerhand schenkte. Und schließlich war er bereits Charlotte von Stein begegnet, und es sollte sich die mysteriöseste Liebe seines Lebens anbahnen. Am Weimarer Hof waren Amouren keineswegs verpönt, ging doch der Fürst - trotz seiner Ehe mit Luise von Hessen-Darmstadt - mit seinem Beispiel voran. - Der Scherenschnitt (links) zeigt das junge Herrscherpaar. Von der Öl-Skizze, die dem Bildnis Goethes (rechts) aus dem ersten Weimarer Jahr zugrunde lag, heißt es: »Es ist nur ein einziges historisches Porträt von Goethe, das ganz er ist...«
Georg Melchior Kraus malte es 1775/76.

Das Gartenhaus auf der »lieben Wies« ist trotz seiner Schmucklosigkeit und inneren Schlichtheit enger mit Goethes Leben verbunden als das Stadthaus, zumindest in der Vorstellung, die wir vom Dichter der populären liedhaften Verse haben. Am 18. Mai 1776 übernachtete er zum ersten Mal in seinem Gartenhaus, und am 20. Februar 1832 - etwa einen Monat vor seinem Tode - hat er es zum letzten Mal besucht. Die Natur rings umher schien ihre vegetative Kraft auf seine Kreativität zu übertragen: »Geistig ging zugleich alldort/ Schaffen, Hegen, Wachsen fort.« - Auf eine nahezu mystische Verbindung zwischen Natur, Geist und Sentiment verweist »Der Stein des guten Glücks«,

eine auf einem Kubus ruhende Kugel. Goethe hat dieses Denkmal 1782 am Lieblingsplatz der Frau von Stein errichtet. Eine Tafel verrät: »Hier im stillen gedachte der Liebende seiner Geliebten...« Wie auch immer die Deutungen des Malers lauten mögen: Es handelt sich um zwei Grundformen der sichtbaren Welt - und um einen Balanceakt: des Glücks, des Seins. - Im Jahr des Glücksteins zog Goethe aus dem Gartenhaus in das repräsentative Stadthaus am Frauenplan; und es war auch im Jahre 1782, als er das Adelsdiplom vom Kaiser empfing. Aber es habe ihm »nichts, gar nichts« bedeutet. Nächste Doppelseite: Goethes Haus am Frauenplan, das der Dichter nahezu fünfzig Jahre lang bewohnte.

»Sie ist wie der Gesang Homers«, sagte Goethe von der »Juno Ludovisi«, einem Glanzstück seiner Antikensammlung (links). Das Haus am Frauenplan könnte getrost Palais genannt werden. Von Goethes Interessen zeugt noch heute seine Sammlung, die rund fünfzigtausend naturwissenschaftliche Objekte und Kunstgegenstände umfaßt: »Ich habe nicht nach Laune oder Willkür, sondern jedesmal mit Plan und Absicht zu meiner eigenen folgerechten Bildung gesammelt...«. Aber er stand auch im Mittelpunkt der höfischen Veranstaltungen. So gefiel er sich in der Rolle des Orest (unten) in seinem großen Drama der deutschen Klassik »Iphigenie auf Tauris«, uraufgeführt auf Schloß Ettersburg, die Titelrolle spielte Corona Schröter.

An der Stelle des Deutschen Nationaltheaters eröffnete der Intendant Goethe 1780 ein dreistöckiges Komödienhaus, in dem Stücke von Molière, Voltaire, Lessing, Shakespeare und natürlich auch von Goethe und später von Schiller aufgeführt wurden. Durch die Ausstrahlung der deutschen Klassik, vor allem auch der Dichterfreundschaft zwischen Goethe und Schiller, avancierte das vordem so durchschnittliche Residenzstädtchen - das kaum von einem Dorf zu unterscheiden war - zur »geistigen Hauptstadt Deutschlands«, so Madame de Staël. Das Doppelstandbild vor dem Theater wurde zum Symbol der »Stadt unsterblichen Ruhms«, wie Thomas Mann Weimar in seiner Goethe-Rede 1949 nannte, es wurde aber auch zum Zeichen für das »andere Deutschland«, an das jeder glauben wollte, der nach 1945 die Enthüllungen über die im deutschen Namen begangenen Verbrechen gegen die Menschlichkeit nicht zu begreifen vermochte. Das Denkmal schuf Ernst Rietschel, ein Schüler des klassizistischen Bildhauers Christian Daniel Rauch. Es wurde am 4. September 1857 vor dem Theater aufgestellt. Das Komödienhaus, das Goethe von 1791 bis 1817, bis 1805 gemeinsam mit Schiller, leitete, brannte 1825 ab. Der heutige Bau wurde

im wesentlichen von dem Münchner Architekten Max Littmann (1862-1931) gestaltet. Der Wiederaufbau aus dem Bombenschutt des Zweiten Weltkriegs erforderte eine zweijährige Bauzeit und vor allem im Inneren zahlreiche Umgestaltungen. Die traditionsreiche Bühne wurde am 28. August 1948, dem 199. Geburtstag Goethes, mit der Tragödie »Faust Erster Teil« wieder eröffnet. Mit dem Deutschen Nationaltheater wird an die Weimarer Nationalversammlung erinnert, die hier vom 6. Februar bis zum 11. August 1919 die Weimarer Verfassung erarbeitete, die erste demokratische Verfassung des Deutschen Reiches.

Die Familie Schiller zog im Dezember 1799 von Jena ganz nach Weimar. In dem Jahr hatte der Dichter den »Wallenstein« beendet und »Maria Stuart« begonnen. Nach Weimar war er mit der erklärten Absicht gekommen, sich durch die »sinnliche Gegenwart des

Theaters« in seinen bereits geplanten dramatischen Arbeiten fördern zu lassen. Zwischen Goethe und Schiller hatte sich bereits eine intensive Freundschaft entwickelt. Goethe hoffte seinerseits, daß Schiller für das Weimarer Theaterleben ein großer Gewinn sein würde, und er hatte sich natürlich nicht getäuscht: »Maria Stuart« wurde bereits am 14. Juni 1800 am Hoftheater uraufgeführt, er hatte das Drama in dem einsamen Schloß Ettersburg nach einem Fieberanfall vollendet. »Ich fühle, daß ich nach und nach des Theatralischen mächtig werde«, notierte er, als er in sechs Wochen zu Beginn des Jahres 1804 den »Wilhelm Tell« geschrieben hatte. Die Familie Schiller fühlte sich wohl in Weimar und in ihrem Haus an der Esplanade, das sie seit April 1802 bewohnte (unser Foto). - Oben eine zeitgenössische Silhouette des Dichters.

Von dem schier mittelalterlichen Gepräge Weimars zur frühen Goethezeit zeugt die Hofeinfahrt des Wittumspalais (an der Schillerstraße), die seinerzeit der Haupteingang war. Die schon jung verwitwete Herzoginmutter Anna Amalia war nach dem Schloßbrand von 1774 in das bescheidene Palais eines ihrer Minister gezogen und hatte es erworben. Es befand sich auf dem Grund des ehemaligen Franziskanerklosters. Die aufgeschlossene Anna Amalia, eine braunschweigische Prinzessin und Nichte Friedrichs des Großen, bereitete den Weimarer Frühling der Dichtung und Philosophie vor, indem sie namhafte Geister an ihren Hof zog. So gewann sie Christoph

Martin Wieland als Erzieher für den Erbprinzen Carl August. Nach dessen Regierungsübernahme versammelte sich die nun schon stattliche Prominenz des Residenzstädtchens zu ihren berühmten Tafelrunden (s.a. nächste Doppelseite), die in dem erhaltengebliebenen »Tafelrundenzimmer« (rechts) stattfanden. Nach 1791 traf sich hier auch Goethes »Freitagsgesellschaft«.

1.
2.
3.
4.
5.

Eine der legendären Tafelrunden der Herzoginmutter (Nr. 5), wie sie der Maler Georg Melchior Kraus 1795 in einer exemplarischen Zusammensetzung im Aquarell festhielt: Neben Goethe ist vor allem Herder der Nachwelt ein Begriff, aber es gehörten auch Wieland dazu, die Schauspielerin und Malerin Corona Schröter und schließlich Schiller. Man traf sich zum Gedankenaustausch über Kunst, Literatur und Wissenschaft. Wieland freilich spöttelte: »...es wurde geklimpert, gegeigt, geblasen und gepfiffen, daß die Engel im Himmelreich ihre Freude daran hatten.« Es verdient Erwähnung, daß die Herzogin selbst achtbar komponierte, daß sie sang und als Schauspielerin auftrat. So war sie zugleich Herrin und Dienerin ihres Musenhofes.

Der anmutige Rokoko-Saal der früheren herzoglichen Bibliothek - heute Zentralbibliothek der deutschen Klassik - war und ist auch gegenwärtig eine der Schatzkammern des geistigen Weimar. Das Gebäude ging aus dem »Grünen Schloß« des 16. Jahrhunderts hervor und wurde 1766 unter der Herzogin Anna Amalia zur Bibliothek umgebaut. Goethe hat es sich nicht nehmen lassen, sie - zusammen mit seinem unermüdlichen Ministerkollegen Christian Gottlob Voigt - von 1797 bis zu seinem Tode 1832 zu leiten. Ihr Bestand ist inzwischen auf 800 000 Bände angewachsen. Um einen Kern von wertvollen Erstausgaben der Literatur des 18. Jahrhunderts und der größten Faustsammlung hat sich eine systematische Sammlung von Ausgaben und Übersetzungen aus dem Bereich der Aufklärung, Klassik und Romantik akkumuliert. Doch die Bibliothek birgt auch mittelalterliche Buchhandschriften und Inkunabeln wie wertvolle Drucke des 16. und 17. Jahrhunderts. Dem Charme dieses einzigartigen Saales kann sich kein wahrer Bücherfreund entziehen. Ferdinand Jagemann porträtierte 1805 den Herzog Carl August, dem als Schutzpatron der Bibliothek in fruchtbarer Zeit zu Recht ein Ehrenplatz gebührt.

Die Zentralbibliothek liegt am Nordsaum des Ilmparks. Herzog Johann Wilhelm (1530-1573), der Bauherr des Grünen Schlosses, des Vorgängerbaus, war mehrfach in französischen Diensten und ließ daher das Gebäude nach dem Vorbild des Schlosses Chatillon sur Seine errichten. Der Wehrturm - mit dem Kasseturm der letzte der zehntürmigen Stadtmauer aus dem 15. Jahrhundert - wurde in die Bibliothek integriert. Von hier führte ein Weg Goethe quer durch den Park zu seinem Gartenhaus, wobei er das idyllische Borkenhäuschen passierte. Er hatte es in seinen romantischen jungen Jahren als »Einsiedelei« bauen lassen und der Herzogin als »Luisenkloster« gewidmet.

Die heimkehrende großherzogliche Jagdgesellschaft aus den zwanziger Jahren des 19. Jahrhunderts beschwört noch einmal die »Kumpanenschaft«, am Beginn der Verbindung zwischen Fürst und Dichter. Damals, 1776, schrieb der Homerübersetzer Voß: »In Weimar geht es erschrecklich zu. Der Herzog läuft mit Goethen wie ein wilder Pursche auf den Dörfern herum, er besauft sich und genießet brüderlich einerlei Mädchen mit ihm.« Damals war auch Widerstand gegen das für ein hohes Hofamt nicht durch eine Amtslaufbahn vorgebildete »Individuum Doktor Goethe« laut geworden, dem Carl August von Sachsen-Weimar-Eisenach souverän begegnete: »Die Welt urteilt nach Vorurteil, ich aber und jeder der seine Pflicht tun will, arbeitet nicht um Ruhm zu erlangen, sondern um sich vor Gott und seinem eigenen Gewissen rechtfertigen zu können...« Nach dem Tod des Großherzogs 1828 und dem »Außenbleiben« seines Sohnes August, er starb am Fieber in Rom, hüllte sich Goethe in tiefes Schweigen. Dann vertiefte er sich »mit Gewalt« in die abschließenden Kapitel zu »Dichtung und Wahrheit«.

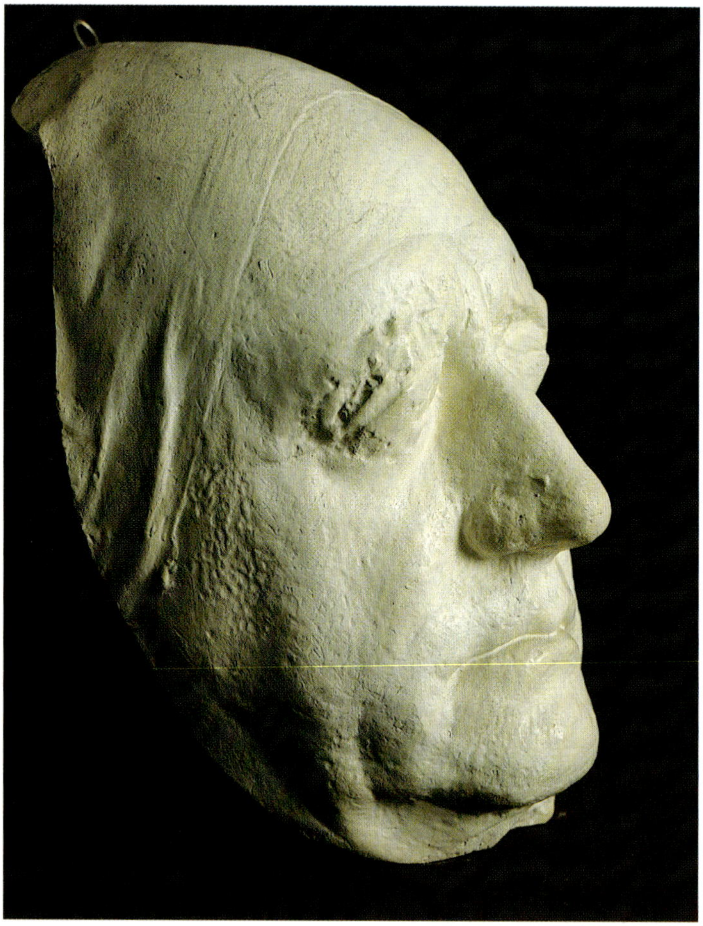

Das Gemälde von Johann Joseph Schmeller zeigt Johann Wolfgang von Goethe in seinem Arbeitszimmer im Haus am Frauenplan, seinem Schreiber John diktierend. Das Bild entstand 1831 und zeigt den Dichter in seinem letzten Lebensjahr. Es ist eine ungeschönte, buchstäblich alltägliche Szene, wie sie sich bis zu Goethes Tod - am 22. März 1832, mittags um halb zwölf - noch wer weiß wie oft geboten hat. So dürfte auch sein letzter Brief vom 17. März, der eine Frage Wilhelm von Humboldts zum »Faust« zum Gegenstand hatte, geschrieben worden sein. Er schließt mit dem Satz: »Ohngeachtet meiner Abgeschlossenheit findet sich selten eine Stunde, wo man sich diese Geheimnisse des Lebens vergegenwärtigen mag.« - Die Maske »nach dem Leben« von 1807 ist der einzige jemals abgenommene Gesichtsabdruck Goethes. Er wurde von Karl Gottlob Weisser gefertigt.

Es will ein Rätsel bleiben trotz aller noch so plausibler Erklärungen, warum Friedrich von Schiller zunächst in dem sogenannten Kassengewölbe auf dem Jakobsfriedhof bestattet wurde. In dem Gewölbe fanden zwischen 1755 bis 1826 insgesamt vierundsechzig angesehene Weimarer Bürger und Bürgerinnen, die nicht das Geld für ein eigenes Erbbegräbnis besessen hatten, ihre letzte Ruhestätte. Aber: das Kassengewölbe war keinesfalls ein »Armengrab«. Goethe war, als Schiller am 9. Mai 1805 plötzlich starb, selbst erkrankt und konnte sich um nichts bemühen: Er war zu sehr erschüttert. Der Freund wurde schon in der Nacht des 12. Mai von Freunden, Literaten und Künstlern beigesetzt. Erst im September 1826 wurden seine sterblichen Überreste in die Landesbibliothek überführt. 1827 wurde schließlich sein Sarkophag in der gerade erbauten fürstlichen Familiengruft, der heutigen Goethe-und-Schiller-Gruft, aufgestellt (s.a. folgende Doppelseite). In Goethes Gedicht »Bei der Betrachtung von Schillers Schädel« heißt es: »Geheim Gefäß! Orakelsprüche spendend,/Wie bin ich wert, dich in der Hand zu halten?« - Die Büste Friedrich Schillers schuf dessen Jugendfreund Johann Heinrich Dannecker 1794.

Das klassizistische Mausoleum auf dem Neuen Friedhof wurde als Familiengruft des Fürstenhauses Sachsen-Weimar-Eisenach errichtet, das seine Toten vordem in den Krypten der Schloßkapelle und der Herderkirche beisetzte. Baumeister war Clemens Wenzeslaus Coudray. Der Bronzekatafalk des Großherzogs Carl August wurde hier 1828 aufgestellt. Am 16. Dezember 1827 kamen hier die sterblichen Überreste Schillers zur letzten Ruhe, die Goethes am 26. März 1832. Beide Sarkophage stehen nahe beieinander und erinnern so an die enge Dichterfreundschaft. - Hinter dem Mausoleum erhebt sich mit goldenen Zwiebeltürmen die von Ferdinand Streichhan 1859

bis 1862 erbaute Grabkapelle im russischen Stil, in der Maria Pawlowna beigesetzt wurde. Sie war eine Tochter des Zaren Pauls I. und Schwiegertochter Carl Augusts, und sie machte sich um die Wartburg verdient.

SCHILLER

In das Weimar der Reformationszeit führt ein Besuch der Herderkirche mit ihrem Altargemälde von Lucas Cranach d.Ä. Der Maler und der Reformator fanden über den neuen Glauben zu einer festen Freundschaft: Cranach stellte als erster die Inhalte der Lehre Luthers auf Gemälden dar. So konzipierte er in seinem letzten Lebensjahr, das er in Weimar im Haus des Schwiegersohns Christian Brück am Markt verbrachte (s. Seite 25), das große Altarbild. Sein Sohn Lucas Cranach d.J. hat es realisiert. Die Mitteltafel verkündet die Erlösung des Menschen durch Christus. Links neben den Füßen Christi sieht man im Hintergrund den alten Adam, wie er, gehetzt und gejagt, hilflos den Mächten Tod und Teufel ausgeliefert ist. Aber der Glaube an den Erlöser gibt Geborgenheit inmitten dieser Welt. Diese Botschaft bezeugen unter dem Kreuz Johannes der Täufer, Martin Luther und, zwischen beiden, der greise Lucas Cranach selbst. Das Bildnis des Vaters ist später vom Sohn hineingemalt worden. Das Gemälde wurde 1555 für die Haupt-, Stadt- und Pfarrkirche vollendet, als sie noch »Zu St. Peter und Paul« hieß.

Die Herderkirche am Herderplatz besaß im 13. Jahrhundert eine Vorgängerkirche, die bei Stadtbränden 1299 und dann wieder 1424 vernichtet wurde. Der heutige spätgotische Bau war 1500 vollendet. Spätbarocke Umbauten, vor allem im Innern, wurden zwischen 1735 und 1745 vorgenommen. Diese Kirche war die Wirkungsstätte des Geistlichen Johann Gottfried Herder (1744-1803), den Goethe - er hatte ihn in Straßburg kennengelernt - schon 1776 nach Weimar als Ersten Prediger an die Stadtkirche berief; er wurde Superintendent und Mitglied des Oberkonsistoriums. Aber Herder hat in Weimar auch seine literarisch-philosophischen Hauptwerke geschrieben, die

ihn weit über das Herzogtum hinaus als einen der bedeutendsten Geister des klassischen deutschen Humanismus auswiesen. Zu diesen Schriften gehören u.a. die »Volkslieder«, von der zweiten Auflage an »Stimmen der Völker in Liedern« genannt, und die »Ideen zur Philosophie der Geschichte der Menschheit«. Seine freigeistigen Reden bereiteten zuweilen Unmut. »Es war weniger eine Rede als ein vernünftiges Gespräch«, berichtete Schiller, »...Lehren, die man ebensogut in einer Moschee als in einer christlichen Kirche erwarten könnte.« Der große Humanist ruht im Quergang des westlichen Schiffes, sein Epitaph trägt die Worte »Licht-Liebe-Leben«. Das Herder-Denkmal schuf Ludwig von Schaller, es wurde 1850 enthüllt.

Die selbstbewußte Tradition des Bürgertums - die in Schriften reich bezeugt ist - erschiene heute unwahrscheinlich, wären nicht einige rare Gebäude erhalten geblieben. Der schöne Innenhof des Kirms-Krackow-Hauses in der Jacobstraße (rechts), es stammt aus der Renaissance, ist einzigartig in der Stadt. Um 1800 wurde es von dem Landkammerrat Franz Kirms bewohnt, der als Verwalter des Theaters mit Goethe bekannt war. Er, aber - wie es heißt - besonders seine Frau Karoline, geborene Krackow, machten ihr Heim zum Mittelpunkt der bürgerlichen Geselligkeit. - Die nachklassizistische Epoche brachte nur wenige so ansprechende Gebäude hervor wie das 1885 im Stil der italienischen Renaissance errichtete Staatsarchiv Weimar am Beethovenplatz (oben). Es handelt sich um einen der ersten Archivzweckbauten Deutschlands überhaupt.

Die Stadt der deutschen Klassik ist ganz wesentlich auch ein Arkadien der Naturfreunde. Denn geistige Form, Naturbeobachtung und der Park als gestaltete Natur bedingten, befruchteten einander. Das klassizistische Römerhaus im Ilmpark (vorhergehende Doppelseite, rechts die Flußfront) im Ilmpark vermittelt den Eindruck, wie festlich, ja weihevoll der schöpferische, gestaltende Geist die Natur durchdrang und sie beinahe kultisch überhöhte. Der junge Geheime Rat Goethe und der Herzog waren die treibenden Kräfte. Schon im Dezember 1776 (dem ersten Jahr Goethes am Hof) reisten sie gemeinsam zum Fürsten von Dessau nach Wörlitz, der - wovon sein berühmter Park heute noch zeugt - ein enthusiastischer Anhänger der englischen Gärten war. Von hier nahmen sie wertvolle Anregungen mit. Der herrschende Rationalismus der Zeit spiegelte sich in der strikten geometrischen Gartenarchitektur mit gestutzter Vegetation wieder. Aber Goethe deutete andere Vorstellungen schon »in den Leiden des jungen Werther« an, wo von einem Garten die Rede ist, dessen Plan nicht »ein wissenschaftlicher Gärtner« gezeichnet hat, sondern »ein fühlendes Herz«. Solche Herzen hatten auch die Landschaftsmaler des 17. Jahr-

hunderts - Lorrain, Poussin, Ruysdael - bewegt, und so wurden auch ihre Werke zum Vorbild. Man kann nicht umhin, an Poussins Gemälde »Die Hirten von Arkadien« zu denken, die in der Landschaft einen Gedenkstein entziffern, steht man vor dem »Schlangenstein« mit der Inschrift »GENIO HUIUS LOCI« (Dem Genius des Ortes), 1787 von M.G. Klauer nach antikem Vorbild geschaffen. Und so begegnet der Wanderer Gedenksteinen, Schlößchen, Tempeln, Sphingen, Grotten, Stegen, romantischen Ruinen und einsamen Ruhesitzen. Die Weimarer Parke an der Ilm - denen sich südlich ein Landschaftsschutzgebiet anschließt -, die Schlösser Belvedere und Tiefurt nehmen eine Fläche von rund 150 Hektar ein. Sie alle verbindet die lebhafte Ilm. Goethe und Schiller widmeten ihr die Verse: »Meine Ufer sind arm, doch höret die leisere Welle,/Führt der Strom sie vorbei, manches unsterbliche Lied.«

Schloß Belvedere wurde in den Jahren 1724 bis 1732 als barockes Jagd- und Lustschloß erbaut und von einem radial angelegten Park umgeben. Zu Beginn des 19. Jahrhunderts wurde der Park durch die Herzogin Anna Pawlowna in einen Landschaftspark umgestaltet, damals kamen u.a. auch der Russische Garten hinzu, das Rosenrondell und die Rosenlaube, schließlich die Schmuckbeete als Ausdruck der Spätromantik. Belvedere übt eine starke Anziehungskraft auf Botaniker aus, die hier einen ungewöhnlichen Artenreichtum in den Gehölzen, aber vor allem in der Orangerie antreffen. Links: Blick in eine alte Allee, rechts ein Kavaliershaus. Das Schloß birgt ein Rokoko-Museum.

Auch Schloß Ettersburg (nördlich von Weimar) entstand zunächst als Jagdschloß des Herzogs Wilhelm Ernst, hatte sich aber 1736 in ein Lustschloß verwandelt. In der Zeit der Klassik entwickelte es sich zum Vorwerk der Weimarer Musen. Kleine Schauspiele und Singspiele wurden hier aufgeführt, wie Goethes »Jahrmarktfest zu Plundersweiler« und die Prosafassung der »Iphigenie auf Tauris« (s.a. Seite 37). Für Schiller wurde Ettersburg zum Zufluchtsort, in dem er 1800 das Drama »Maria Stuart« vollendete. Herzogin Anna Amalia, die hier ihre Sommer verbrachte, erkor 1801 das umgebaute Tiefurt (rechts) zum Sommersitz, und nun wurden

Schloß und Park zu geselligen Orten. Die Umwandlung der Ilmauen in einen Landschaftspark nach Wörlitzer Vorbild begann sogleich, der Konversation und Diskussion diente bald ein Gartensalon, und auch das Liebhabertheater erhielt seinen Platz. Hier traf sich der »Tiefurter Kreis«, gebildet von Goethe, Schiller, Herder, Wieland, Künstlern und Künstlerinnen. Das handschriftlich verbreitete »Journal von Tiefurt« enthielt kostbare Erstveröffentlichungen wie Goethes Gedicht »Das Göttliche«. Martin Gottlieb Klauer setzte mit dem Tempel der Muse Polyhymnia (folgende Doppelseite) jener unwiederbringlichen Epoche ein Denkmal.

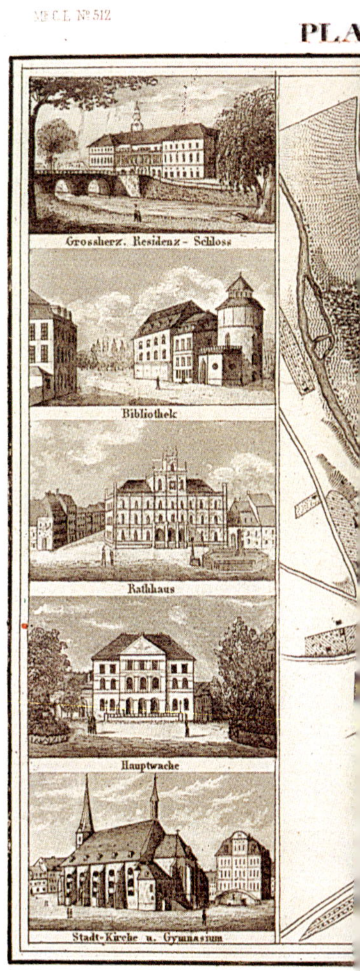

Mf C.L. Nº 512
PLA
Grossherz. Residenz - Schloss
Bibliothek
Rathhaus
Hauptwache
Stadt-Kirche u. Gymnasium

Das Weimar der großherzoglichen Residenz um 1840, wie es der gestochene Plan des Stadtzentrums mit all seinen Sehenswürdigkeiten präsentiert, ist in seinen topographischen Grundzügen auch heute noch gut für eine erste Orientierung. Freilich sind die Stadtviertel zugewachsen, Industrie und Institutionen kamen hinzu, Bahnhof und Autobahnanschluß sind selbstverständlich. Es hat Namensänderungen gegeben: Der Topfenmarkt ist der Herderplatz mit Herderkirche, der Fürstenplatz heißt Platz der Demokratie, die Esplanade Schillerstraße, in der Fürsten-Gruft ruhen Schiller und Goethe. Der Paradeplatz gehört zum Ilmpark. - Links: der Musentempel aus dem Tiefurter Park.

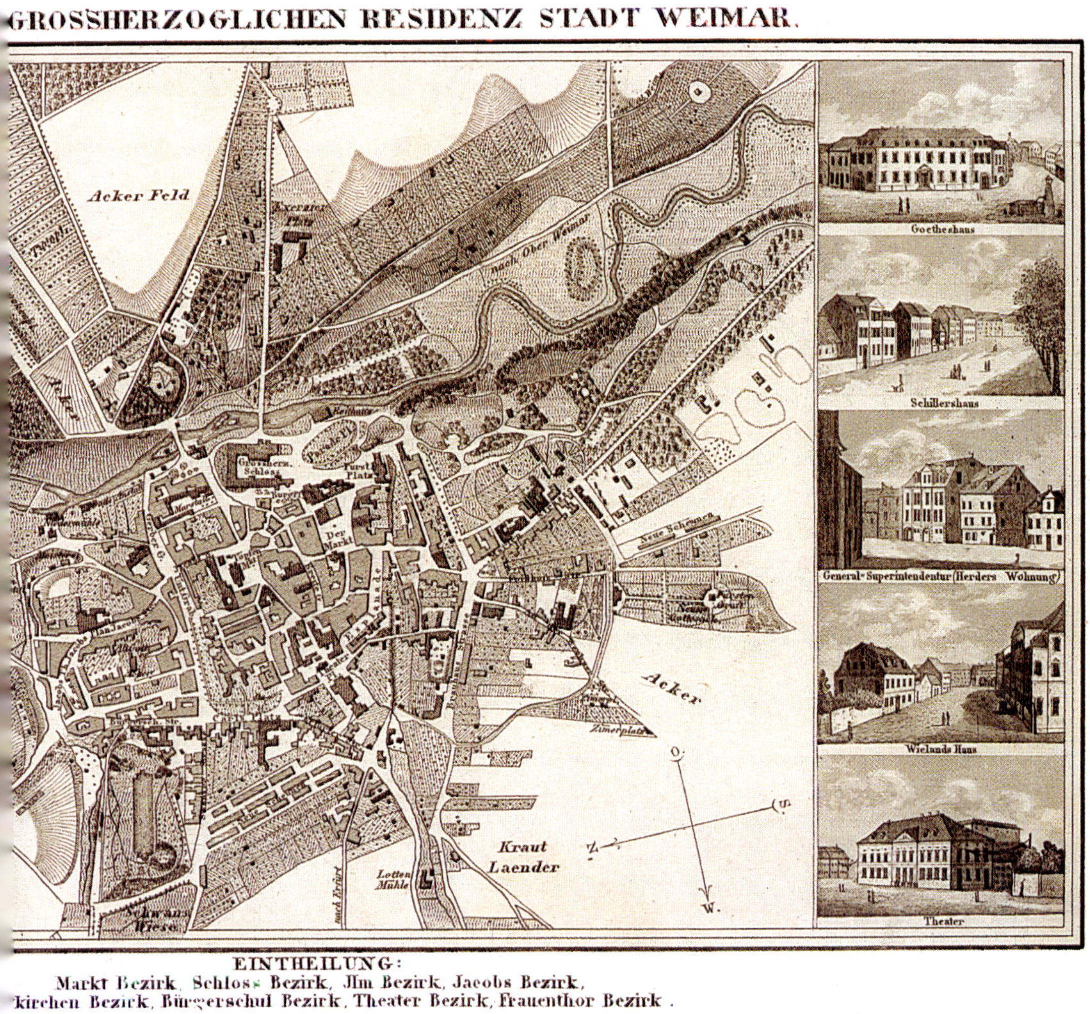

Inhalt

Fotos:
Klaus G. Beyer, Weimar
S. 21 Karsten Welte, S. 37 (Deutsches Theatermuseum, München), S. 60 Constantin Beyer; historische Galerie Saxoinia, München